CAPITAL ASSET PRICING MODEL

Modell zur Bewertung von Wertpapieren

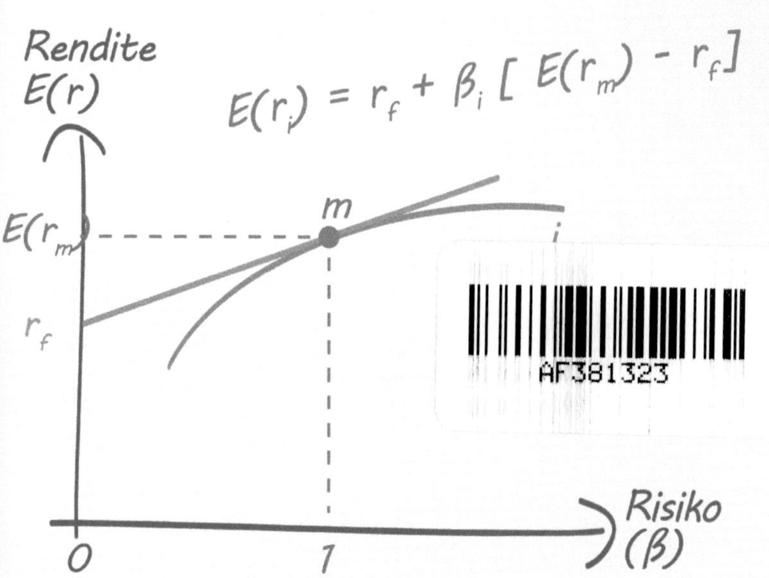

CAPITAL ASSET PRICING MODEL

Modell zur Bewertung von Wertpapieren

Verfasst von Ariane de Saeger
In Zusammenarbeit mit Isabelle Van Steenkiste
Übersetzt von Mareike Lobeck

DAS CAPITAL ASSET PRICING MODEL

SCHLÜSSELINFORMATIONEN

- **Bezeichnungen:** Capital Asset Pricing Model, CAPM
- **Anwendungsbereich:** Das CAPM ist ein mathematisches Modell zur Rentabilitätsbewertung für beliebige Kapitalgüter. Die erwartete Rendite wird auf Grundlage des Risikos berechnet, das diese Kapitalgüter tragen.
- **Warum ist es so gut?** Das CAPM ist eine der beliebtesten Methoden zur Risikobewertung. Wirtschaftswissenschaftler wie der Amerikaner Richard Roll (geboren 1939) kritisieren jedoch seine mangelnde Überprüfbarkeit.
- **Schlüsselwörter:**
  - <u>Wertpapier</u>: Bei einem solchen Kapitalgut kann es sich um eine Urkunde oder einen Vertrag handeln, die dem Halter zu einem gewissen Risiko potenziellen Gewinn bringen. Beim Kauf einer Aktie hofft man so beispiels-

weise, dass ihr Wert langfristig steigt und man sie mit einem gewissen Gewinn wiederverkaufen kann. Nimmt der Wert der Aktie jedoch ab, bedeutet ihr Verkauf einen Verlust.

- <u>Börse</u>: Öffentliche oder private Einrichtung, an der mit Wertpapieren (bspw. Aktien) gehandelt wird. Es handelt sich also um einen Markt für Finanzprodukte und Anlagen, wo der Preis von Nachfrage und Angebot bestimmt wird.
- <u>Kapitalmarkt</u>: Hier treffen Angebot und Nachfrage von Kapitalgütern zusammen. Das Angebot entspricht dem Ersparten (Überschuss des verfügbaren Kapitals), das die Anleger den Kapitalnachfragern zur Verfügung stellen (deren Finanzierungsbedarf die Nachfrage bestimmt). Ein Gleichgewicht auf diesem Markt ist essentiell.
- <u>Portefeuille (auch Portfolio)</u>: Gesamtheit der Wertpapiere (insbesondere Aktien und Anleihen), die von einer Person, einem Unternehmen, einer Bank etc. gehalten werden
- <u>Rendite</u>: Rentabilität eines investierten Betrags. Angenommen, eine Person legt Geld zu einem Zinssatz von 7 % an und eine zweite Person legt den gleichen Betrag zu

einem Zinssatz von 4 % an, wird die Rendite der ersten Person höher ausfallen.

- ◦ <u>Zinssatz</u>: Der Zinssatz entspricht den Kosten für das Geld, sprich den Kosten, die bei einer Anleihe bzw. Anlage entstehen können. Im Falle einer Anlage kann der Zinssatz auch als Ertrag des Anlegers gesehen werden.

EINLEITUNG

Hintergrund

In den 1950er Jahren entwickeln sich die Finanzmärkte stark weiter und werden so zum idealen Bindeglied zwischen den einzelnen Wirtschaftsakteuren, indem sie deren Finanzkapazitäten und -bedürfnisse ausgleichen. Die Finanzmärkte stellen damit durch verschiedene Mittel (Anleihen, Kauf von Wertpapieren etc.) die Finanzierung der Wirtschaft sicher. Zwei eng miteinander verbundene Variablen spielen bei Anlagen auf dem Finanzmarkt eine wichtige Rolle: Rendite und Risiko.

Diese beiden Variablen wurden von diversen Wirtschaftswissenschaftlern eingehend untersucht:

- Der amerikanische Wirtschaftswissenschaftler Frank Knight (1885-1972) definiert 1921 die beiden Begriffe „Unsicherheit" und „Risiko".
- 1950 leitet der amerikanische Wirtschaftswissenschaftler Harry Markowitz (geboren 1927) mit seiner Arbeit den Beginn der modernen Diversifikationstheorie ein, die ab 1952 unter dem Namen „moderne Portfoliotheorie" bekannt wird. Markowitz begründet mit seiner Theorie die Verwendung von Diversifikation zur Optimierung des Portefeuilles. Diese kommt der aktuellen Version des Capital Asset Pricing Models sehr nahe.
- Die amerikanischen Wirtschaftswissenschaftler William Sharpe (geboren 1934), John Lintner (1916-1983) und Fischer Black (1938-1995) sowie der norwegische Wirtschaftswissenschaftler Jan Mossin (1936-1987) bauen in den 1960ern sowie Anfang der 1970er Jahre die bestehenden Finanzmodelle weiter aus, wobei schließlich das CAPM entsteht.

Definition

Das CAPM wird sowohl auf Finanzmärkten als auch bei finanziellen Fragestellungen in

Unternehmen angewendet. Es basiert auf einer Messung des systematischen Risikos, der erwarteten Rendite und des Zinssatzes. Mit dem CAPM kann so die Rendite eines Wertpapiers in Abhängigkeit vom bestehenden Risiko berechnet werden.

CAPM IN DER THEORIE

KONTEXT

Das CAPM entstand in einer Zeit, als die Finanzmärkte weiterentwickelt und vereinheitlicht wurden. Die Entwicklung des Modells entsprang dem Wunsch, die Risiken finanzieller Investitionen genauer berechnen zu können.

Beitrag von H. Markowitz

Das CAPM ist eine Weiterführung der modernen Portfoliotheorie von Harry Markowitz. Dieser amerikanische Wirtschaftswissenschaftler betont, dass ein diversifiziertes Portfolio im besonderen Interesse der Anleger sei, da diese selbstverständlich ein optimales Rendite-Risiko-Verhältnis anstreben.

Markowitz' Theorie liegen fünf Hypothesen zugrunde:

1. Die Finanzmärkte sind effizient. Das heißt, dass die Preise sowie die Rendite der Wertpapiere

genau die über sie verfügbaren Informationen widerspiegeln.

2. Die Investoren sind wenig risikofreudig und gehen ohne garantierte zusätzliche Rendite kein weiteres Risiko ein.
3. Auf den Märkten herrscht ein Gleichgewicht.
4. Auf Märkten im Gleichgewicht ist Arbitrage unmöglich, da das Angebot an Wertpapieren genau die Nachfrage für diese Wertpapiere abdeckt und der Preis damit ein natürliches Gleichgewicht findet.
5. Der Investor trifft rationale Entscheidungen.

Wertpapieren, die sich entweder parallel (positive Korrelation) oder entgegengesetzt (negative Korrelation) zueinander entwickeln

Markowitz leistet einen doppelten Beitrag zum CAPM. Zum einen hebt er hervor, dass der Vorteil eines diversifizierten Wertpapier-Portefeuilles vor allem auf der unvollkommenen bzw. unvollständigen Korrelation verschiedener Renditen aufbaut, was jedoch nicht bedeutet, dass überhaupt keine Korrelation besteht. Zum anderen zeigt Markowitz, dass die Risikoverringerung durch Diversifikation vom Korrelationsmaß zwischen den Wertpapieren abhängt. Markowitz beweist so, dass Diversifikation das Risiko mindern kann, ohne dabei die Rendite zu beeinträchtigen.

Der Anwendungsbereich des CAPM wird davon ausgehend weiter auf alle Wirtschaftsakteure ausgedehnt.

HAUPTZWECK DES CAPM

Ziel des CAPM ist, Investoren einen möglichst umfassenden Überblick über das Risiko und die potenzielle Rendite der Wertpapiere zu bieten, die sie erwerben möchten. Ein erfahrener Investor wird sich entweder für ein effizientes, wenngleich riskantes Portefeuille oder für eine Mischung aus riskanten und nicht-riskanten Wertpapieren entscheiden. Mit dem CAPM kann der Gleichgewichtspreis dieser Wertpapiere berechnet werden.

HYPOTHESEN

- Alle Investoren werden als Markowitz'sche Investoren angesehen: Sie bewerten jedes Wertpapier ausschließlich nach dessen Risiko bzw. Rendite. Der Markt ist frei von „Friktionen", das heißt, es gibt keine Transaktionskosten, keine Provisionen etc.

- Mehrwert und Dividenden werden nicht besteuert.
- Auf dem Markt herrscht ein Gleichgewicht. Investoren können daher jegliche Wertpapiere offen kaufen bzw. verkaufen, solange dies nicht den Preis des Wertpapiers beeinflusst; Information ist transparent.
- Investoren meiden Risiken ohne Kosten. Sie wählen daher je nach dem Gewinn, den sie daraus ziehen können (Risikoprämie), ein mehr oder weniger hohes Risiko.
- Alle Investoren handeln im gleichen Zeitrahmen, wodurch die Analysen relativ standardisiert werden können.
- Alle Investoren sehen die zukünftige Performanz der Wertpapiere gleich voraus.
- Investitionen können unendlich geteilt werden: Es ist möglich, Teil-Wertpapiere oder Teil-Portefeuilles zu kaufen bzw. zu verkaufen.
- Investoren kontrollieren das Risiko mittels Diversifikation.
- Investoren können jeden Geldbetrag zu einem risikolosen Zinssatz (*risk-free rate*) leihen bzw. verleihen.

- Die Rendite eines Wertpapiers wird mittels des Gewinn-Erwartungswerts für einen bestimmten Zeithorizont geschätzt, während das entsprechende Risiko mittels der Standardabweichung vergangener Werte ermittelt wird. Ein recht riskantes Wertpapier hat beispielsweise einen fluktuierenden Preis, weswegen die Standardabweichung entsprechend hoch ist.

Es wird vorausgesetzt, dass Erwartungswerte, Standardabweichungen und Variablen, ebenso wie die Korrelationen zwischen den verschiedenen Wertpapieren, homogen sind.

Außerdem setzt sich jedes Portefeuille aus der gleichen Wertpapierart zusammen. Lediglich das Verhältnis – der Prozentsatz des Risikos (niedrig bzw. hoch) – von risikobehafteten zu risikolosen Wertpapieren ist unterschiedlich.

BESTANDTEILE DES MODELLS

Das CAPM beruht darauf, dass verschiedene Wertpapiere und Portefeuilles nach Risiko und Rendite bewertet werden, wobei die Herausforderung der Investoren darin liegt, ein Portefeuille mit maximalem Nutzen zu finden. Für eine effiziente Portefeuille-Auswahl verwendet das Capital Asset Pricing Model drei essentielle Faktoren:

- An der Kapitalmarktlinie können die verschiedenen Risiko-Rendite-Kombinationen abgelesen werden.
- Die Marktrisikoprämie setzt die Risikokosten fest.
- Mit dem Beta-Faktor wird das Risiko eines Wertpapiers im Verhältnis zum Marktrisiko berechnet.

Die Kapitalmarktlinie (KML; Capital Market Line)

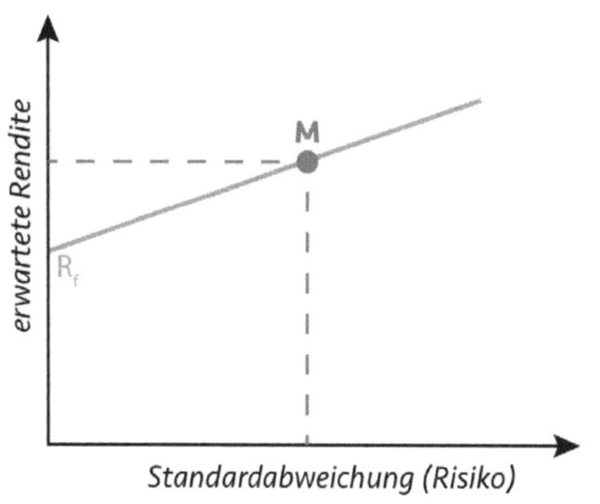

Die Kapitalmarktlinie gibt Auskunft über die verschiedenen Risiko-Rendite-Kombinationen von Wertpapieren. *Rf* gibt dabei die Höhe der Rendite für ein risikoloses Wertpapier an (beispielsweise eine Staatsanleihe), während *M* für das Marktportfolio steht: die allgemein auf dem Markt beobachtete Kombination. Investoren wählen ihre Kombination je nach ihrem Profil und ihrer Risikobereitschaft.

Gleichung der Kapitalmarktlinie

$$E(r_i) = r_f + \left(\frac{E(r_m) - r_f}{\sigma_m} \right) \sigma$$

i = Wertpapier

m = Markt

σ = Risiko (Standardabweichung der Rendite des Portefeuilles)

$E(r_m)$ = erwartete Rendite des Marktes

$E(r_i)$ = erwartete Rendite des Wertpapiers

r_f = Rendite des Wertpapiers oder risikoloser Zinssatz

Marktrisikoprämie und CAPM

Investoren verlangen vom Markt eine Prämie, die ihr eingegangenes Risiko abdeckt. Je größer das Risiko, desto höher ist die Prämie und desto steiler ist die KML.

Risikomaß Beta

Das CAPM misst nicht so sehr die Höhe des Risikos als vielmehr das relative Risiko eines Wertpapiers bzw. eines Portefeuilles im Vergleich zum Markt. Dieses Maß wird mit β (Beta) bezeichnet. Beta steht also für das Verhältnis der Preisvarianz eines Wertpapiers (Volatilität) zur allgemeinen Preisvarianz auf dem Markt. Es handelt sich somit um die Sensibilität bzw. Elastizität des Kurses eines bestimmten Wertpapiers im Verhältnis zum Börsenindex, der den gesamten Markt darstellt. Je weiter sich dieser Wert 1 annähert, desto geringer die Volatilität.

Die Risikoprämie für ein Wertpapier berechnet sich daher aus dem Beta-Faktor, multipliziert mit dem allgemeinen Marktrisiko.

Das CAPM entspricht dem Gleichgewicht zwischen der Risikoprämie eines Wertpapiers *i* bzw. eines Portefeuilles und der Marktrisikoprämie, multipliziert mit dem Beta-Wert des betrachteten Wertpapiers.

Formale Darstellung des CAPM

$$E(r_i) = r_f + \beta_i \left[E(r_m) - r_f \right]$$

$i =$ Wertpapier

$E(r_i) =$ erwartete Rendite des Wertpapiers

$r_f =$ Rendite des Wertpapiers oder risikoloser Zinssatz

$\beta_i =$ ein Maß für das systematische Risiko eines Wertpapiers (nicht diversifizierbares Risiko des Wertpapiers)

$E(r_m) =$ erwartete Rendite des Marktes

Die erwartete Rendite für das Wertpapier *i* (*E(r_i)*) kann dementsprechend berechnet werden, sofern der risikolose Zinssatz, der Beta-Wert des Wertpapiers sowie die Marktrisikoprämie bekannt sind. Ist dies nicht der Fall, kann auch bei bekannter Rendite das Risiko berechnet werden.

VORTEILE

Berechnung des Kapitalwerts

$$C_0 = Z_0 + \frac{Z}{(1 + i)} + \frac{Z_2}{(1 + i)^2} + \frac{Z_3}{(1 + i)^3} \cdots + \frac{Z_n}{(1 + i)^n}$$

C_0 = Kapitalwert (zum Zeitpunkt 0)

Z = zukünftiger Zahlungsstrom

i = Kalkulationszinssatz

Das CAPM bietet mehrere Vorteile:

- Für betreffende Wertpapiere können mehrere potenzielle Renditen berechnet werden.
- Dank der Risikoberechnung wird die Entscheidungsfindung in wirtschaftlichen und finanziellen Kontexten erleichtert.
- Das Modell ist einfacher anzuwenden als die <u>Arbitragepreistheorie</u>, ist jedoch aus wirtschaftsmathematischer Sicht weniger genau.
- Das Modell bietet zwei Anwendungsmöglichkeiten:
  - Beurteilung der Performance von Fondsmanagern
  - Berechnung eines angemessenen Kapitalwerts zur Bewertung der zukünftigen Einnahmen eines Unternehmens

ZUSAMMENFASSUNG

Im Allgemeinen wählen rationale Investoren eher ein Portefeuille, das aus diversifizierten Wertpapieren besteht (risikobehafteten und risikolosen Wertpapieren), um so bei begrenztem Risiko maximale Effizienz zu erreichen.

Die Wirksamkeit des Modells ist zwar schwierig zu bewerten, als Instrument zur Performance-Beurteilung ermöglicht das CAPM aber dennoch, die Arbeit eines Fondsmanagers mit der Realität auf dem Markt zu vergleichen sowie den Kapitalwert zu bestimmen, der zur Berechnung zukünftiger Einnahmen eines Unternehmens benötigt wird.

CAPM: SCHWÄCHEN UND ERGÄNZUNGEN

SCHWÄCHEN UND KRITIK

Dem CAPM werden zahlreiche Schwächen vorgeworfen, wobei sich die Kritik hauptsächlich auf die zugrundeliegenden Hypothesen bezieht.

- **Instabilität des Beta-Faktors:** Beta steht für das relative Risiko eines Wertpapiers bzw. Portefeuilles im Verhältnis zum Markt. Die Instabilität dieses Werts rührt daher, dass das Risiko eines Wertpapiers variabel ist und sich daher jederzeit ändern kann. Zum Beispiel: Wird zum Zeitpunkt t ein Wertpapier gekauft, kann das Risiko x berechnet werden, das bei dieser Investition besteht. Zu diesem Zeitpunkt gibt es allerdings keinerlei Garantie, dass sich das Risiko x desselben Wertpapiers nicht zum Zeitpunkt $t + 1$ aufgrund von externen Faktoren (z. B. einer Wirtschaftskrise) ändert. Um diese Gefahr auszugleichen, berücksichtigen Fondsmanager in der Regel alle Beta-Faktoren, um Einzelrisiken teilweise senken zu können.

- **Begrenzte Diversifikationsmöglichkeiten eines Portefeuilles:** Es ist unmöglich, ein Portefeuille vollständig zu diversifizieren. Möchte man, dass die verschiedenen Wertpapiere des Portefeuilles zumindest teilweise korrelieren, müsste man (im Fall, wo Diversifikation das Risiko mindert) dazu Unmengen von diversifizierten Wertpapieren kaufen. Es ist allerdings durchaus möglich, dass sich in einem Portefeuille mit geringer Korrelation aufgrund von wirtschaftlichen, gesellschaftlichen oder politischen Entwicklungen diese mit der Zeit verstärkt.
- Die **praktische Anwendung** zur Voraussage ist **schwierig**.
- **Unrealistische Hypothesen:** Es ist nahezu unmöglich, die risikolosen Zinssätze, zu denen optimalerweise investiert werden sollte, genau zu bestimmen. Hinzu kommt, dass die verschiedenen Finanzakteure unterschiedlichen Steuersystemen unterworfen sind, dagegen sind Transaktionskosten wiederum weitverbreitet etc.
- **Abhängigkeit der CAPM-Analyse von der**

Auswahl des Marktportefeuilles: Diese Abhängigkeit wurde von dem amerikanischen Wirtschaftswissenschaftler Richard Roll herausgearbeitet.

- Allgemeiner wird insbesondere die lediglich relative Effizienz des CAPM kritisiert. So lässt sich laut Roll die Wirksamkeit des Modells nicht überprüfen: Dazu müsste es ebenfalls möglich sein, die Effizienz des Marktportefeuilles zu messen, was Roll als unmöglich betrachtet. Da ein Portefeuille zudem nicht nur Aktien, sondern unter anderem auch Anleihen, Immobilienanlagen und Edelmetalle umfassen kann, ist eine präzise Bewertung unmöglich, weswegen es im CAPM auch nicht effizient verwendet werden kann.

ERGÄNZUNGEN UND VERWANDTE MODELLE

Während das CAPM ausschließlich auf der Bewertung des Beta-Faktors (dem Maß des variablen Risikos) beruht, bieten weitere Modelle Alternativmethoden zur Bewertung des finanziellen Risikos:

Die Arbitragepreistheorie

Der amerikanische Wirtschaftswissenschaftler Stephen Alan Ross (1944-2017) stellt – als Reaktion auf die im CAPM beobachtete Instabilität des Beta-Faktors – 1976 ein Alternativmodell vor, das auf der Arbitragepreistheorie basiert.

Ross zufolge haben mehrere Wirtschaftsfaktoren Einfluss auf die Rendite:

- Allgemeine Faktoren beeinflussen gleichzeitig verschiedene Renditen.
- Faktoren, die speziell für ein Wertpapier gelten, beeinflussen lediglich die Rendite dieses Wertpapiers.

Die Arbitragepreistheorie besagt unter anderen, dass die Faktoren, die speziell für ein Wertpapier gelten, unabhängig von den allgemeinen Faktoren und auch untereinander jeweils unabhängig sind.

Dies zeigt sich vor allem, wenn zwei Wertpapiere mit vergleichbarer Sensibilität gegenüber den entsprechenden Faktoren dennoch nicht dieselben Renditeerwartungswerte aufweisen. Gibt es dagegen keine Arbitragemöglichkeit – mit anderen Worten, der Erwartungswert für die Rendite ist derselbe –, muss das Marktrisiko des Wertpapiers mittels Beta-Werten berechnet werden, die von unspezifischen Marktfaktoren abhängig sind, welche wiederum alle Investitionen beeinflussen.

Die Arbitragepreistheorie findet ein weiteres Anwendungsgebiet als das CAPM. Eine ihrer Hauptschwächen liegt allerdings in der Herkunft und Auswahl der Faktoren, die einen Einfluss auf das Wertpapier haben.

Multifaktorenmodelle

Mit einem Multifaktorenmodell soll der Schwachpunkt der Arbitragepreistheorie ausgeglichen werden – sprich die Bestimmung der spezifischen Wirtschaftsfaktoren, die Einfluss auf das Risiko haben. Da das Marktrisiko den Großteil der (bzw. sogar alle) Investitionen betrifft, wird deutlich, dass es aufgrund von makroökonomischen Faktoren entsteht. In einem Multifaktorenmodell wird das Marktrisiko daher als Expositionsrisiko gegenüber makroökonomischen Faktoren definiert, das für alle Wertpapiere gleichermaßen gilt. Die Berechnungsgrundlage für das Risiko bildet hier entsprechend der Beta-Wert der Wertpapiere, bezogen auf die makroökonomischen Faktoren.

Das Fama-French-Dreifaktorenmodell

- <u>Marktkapitalisierung</u>: Bewertungsrate, anhand derer der Gesamtwert eines Unternehmens berechnet werden kann und die damit eine ähnliche Vergleichsgrundlage bietet wie die Anzahl der Mitarbeiter oder der Umsatz. Marktkapitalisierungswerte können dabei von mehreren Milliarden Euro bis zu wesentlich geringeren Summen variieren.

- <u>Kurs-Buchwert-Verhältnis (KBV)</u>: Instrument zur Beurteilung, ob ein Wertpapier unter -oder überbewertet ist. Nimmt das Verhältnis des Aktienkurses zum anteiligen Buchwert der Aktie (also dem jeweils entsprechenden Eigenkapital der Aktionäre) einen Wert größer 1 an, ist das Wertpapier unterbewertet, liegt der Wert jedoch darunter, ist das Wertpapier überbewertet. Das Verhältnis wurde von den beiden amerikanischen Wirtschaftswissenschaftlern Eugene Francis Fama (geboren 1939, Nobelpreisträger für Wirtschaftswissenschaften (2013)) und Kenneth Ronald French (geboren 1954) als direkter Indikator für die Zukunftsaussichten eines Unternehmens definiert.

Das Fama-French-Dreifaktorenmodell wurde zu Beginn der 1990er Jahre von den amerikanischen Wirtschaftswissenschaftlern Fama und French entwickelt. Es baut auf dem beschriebenen Multifaktorenmodell auf, demzufolge die Rendite von mehr als nur einem Faktor beeinflusst wird, und nennt selbst zwei solcher Faktoren:

- **Die Unternehmensgröße:** Fama und French messen die Größe eines Unternehmens mittels der Marktkapitalisierung. Sie stellen fest, dass gerade Wertpapiere mit geringer Marktkapitalisierung, die als risikobehafteter eingestuft werden und hohe Kapitalkosten aufweisen, im Vergleich zu Wertpapieren mit hoher Marktkapitalisierung im Durchschnitt über eine höhere Rendite verfügen. Wertpapiere mit geringer Marktkapitalisierung erbringen daher im Vergleich zu risikolosen Wertpapieren eine weit größere Rendite als vom CAPM berechnet.

- **Wertpapiere mit einem recht hohen Kurs-Buchwert-Verhältnis**, die also vom Markt vergleichsweise unterbewertet werden, sind risikobehafteter und haben höhere Kapitalkosten. Dennoch sind es häufig genau diese Wertpapiere, die die größten Renditen erbringen.

Beim Vergleich von Marktkapitalisierung und Kurs-Buchwert-Verhältnis stellen Fama und French fest, dass das Kurs-Buchwert-Verhältnis häufiger zutrifft als die Marktkapitalisierung. Es ist daher einer der Hauptfaktoren, die die Wertpapiere beeinflussen. Die Wirtschaftswissenschaftler erkennen ebenfalls, dass gerade auf lange Sicht der Zusammenhang zwischen Kurs-Buchwert-Verhältnis und Rendite wesentlich stärker und stabiler ist als der Zusammenhang zwischen Marktkapitalisierung und Rendite.

Daraus ergibt sich zusammenfassend, dass rentable Investitionen gerade in Unternehmen getätigt werden sollten, deren Marktkapitalisierung niedrig ist und die über einen hohen Buchwert verfügen. Dies wird im CAPM nicht berücksichtigt.

CAPM IN DER PRAXIS

TIPPS UND BEST PRACTICES

Bestimmung des Investitionsrisikos

In einem ersten Schritt wird das Risiko einer Investition bestimmt. Dieses Risiko kann anhand der Varianz der tatsächlichen Rendite im Vergleich zum erwarteten Ertrag berechnet werden. So wird das Ausmaß des Risikos deutlich, das ein Wertpapier hält. Es wird zwischen keinem, niedrigem und hohem Investitionsrisiko unterschieden.

Investitionsarten

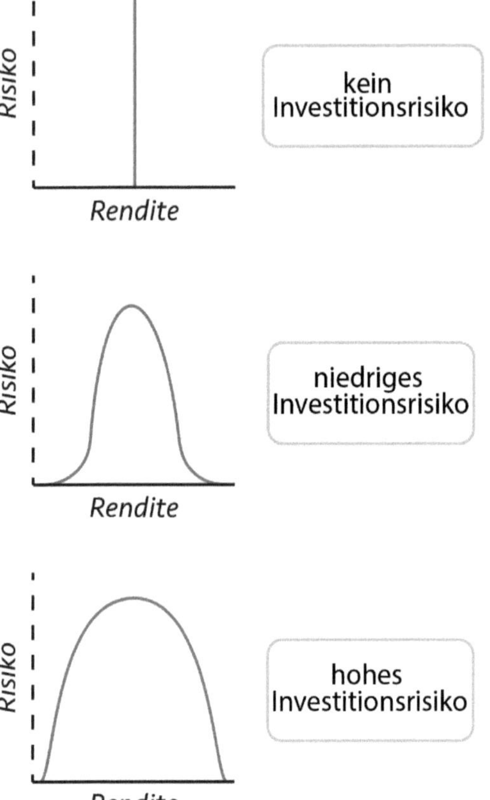

Unterscheidung zwischen vergüteten und unvergüteten Risiken

Sobald das Risikoausmaß bestimmt wurde, muss zwischen vergütetem und unvergütetem Risiko unterschieden werden. Jedes Wertpapier trägt zwei Arten von Risiko: ein investitionsspezifisches Risiko – das sogenannte Unternehmensrisiko bzw. inhärente Risiko – und ein für alle Investitionen gleichermaßen bestehendes Risiko, das sogenannte Marktrisiko.

- **Das inhärente Risiko** kann in einem diversifizierten Portefeuille kontrolliert werden, wenn die betreffende risikobehaftete Investition nur einen kleinen Teil des Portefeuilles ausmacht und beispielsweise durch ein anderes, weit weniger risikobehaftetes Wertpapier ausgeglichen werden kann. Es wird hier also ein durchschnittliches Risiko der verschiedenen Investitionen mit spezifischem Risiko innerhalb eines Portefeuilles gebildet.
- **Das Marktrisiko**, das alle Investitionen gleichermaßen betrifft, kann dagegen nicht kontrolliert werden, da es sich im Allgemeinen auf die gesamten Wertpapiere auf dem Markt bezieht. Zwei Faktoren sind für dieses Risiko verantwortlich:

die allgemeine Entwicklung der Wirtschaft – vom Steuerwesen bis zur Preispolitik – und die Einschätzung der Investoren bezüglich zukünftiger Entwicklungen.

Ein erfahrener Investor, der normalerweise für ein diversifiziertes Portefeuille gesorgt hat, wird lediglich für die Risiken vergütet, die von der Marktentwicklung abhängen.

Messung des Marktrisikos

Zur Berechnung des Marktrisikos stehen dem Investor verschiedene Methoden zur Verfügung, darunter das in den vorherigen Kapiteln beschriebene CAPM, die Arbitragepreistheorie, das genannte Multifaktorenmodell und das Fama-French-Dreifaktorenmodell. Je nach zugrunde gelegten Hypothesen wird das Marktrisiko unterschiedlich bewertet und berechnet.

Das CAPM beruht auf der Annahme, dass Wertpapiere und Portefeuilles mithilfe ihres Rendite-Risiko-Verhältnisses ausgewählt werden und dass alle Investoren um ein möglichst effizientes Portefeuille bemüht sind. Drei Schritte sind zum Erreichen dieses Ziels notwendig:

1. Der Investor sollte den „effizienten Rand" ermitteln, das entspricht der Gesamtheit aller Portefeuilles, die das Risiko für eine gegebene mittlere Rendite minimieren. Dies sind die effizienten Portefeuilles. Sie werden in der Grafik durch die regenschirmförmige Fläche dargestellt. Die Entscheidung für ein Portefeuille am Punkt *x* wäre nicht rational, da für dasselbe Risikomaß eine Kombination mit höherer Rendite, *e*, besteht.

Effizienter Rand

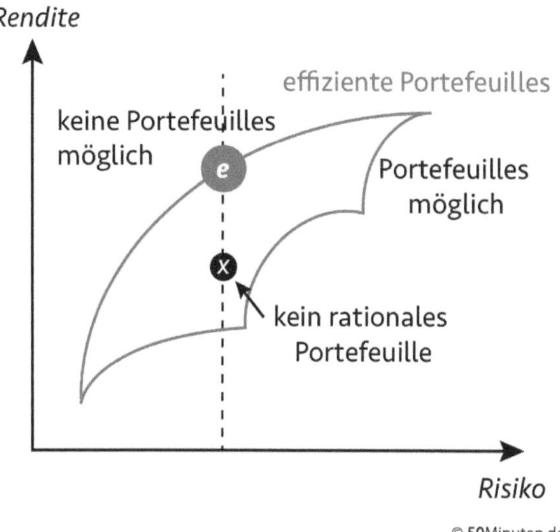

Die Summe der Investitionsanteile sollte bei 1 liegen. Je niedriger der Korrelationskoeffizient, desto niedriger wird auch das Risiko: Die Indifferenzkurve verschiebt sich daher nach links.

Indifferenzkurven

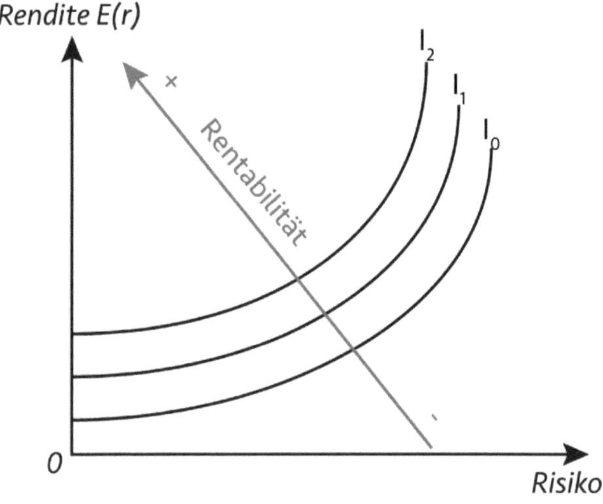

Die Indifferenzkurve bildet die Gesamtheit der Kombinationen zweier Güter bzw. Faktoren ab, die von Konsumenten bzw. Investoren als gleich gut eingeschätzt werden. Die y-Achse

E(r) entspricht der erwarteten Rendite, während auf der x-Achse das Risikomaß dargestellt wird. Jede Kurve stellt die Investoren gleichermaßen zufrieden, das Rendite-Risiko-Verhältnis ist jedoch unterschiedlich. Unabhängig davon, welche seine spezifische Indifferenzkurve ist, wählt der Investor ein Portefeuille, das bei gegebenem Risiko die höchste Rendite bietet.

2. Investoren wählen „ihr" optimales Portefeuille abhängig von ihrer jeweiligen Risikobereitschaft (Indifferenzkurve). Das optimale Portefeuille entspricht dabei dem Berührungspunkt von Indifferenzkurve und effizientem Rand. Streben Investoren insgesamt eine risikolose Anlage an, haben sie dennoch die Möglichkeit, einen Teil ihres Kapitals in risikobehaftete Portefeuilles auf dem effizienten Rand der risikobehafteten Anlagen zu investieren und einen anderen Teil in risikolose Anlagen.

3. Zur mathematischen Berechnung des Risikos steht den Investoren die bereits erläuterte CAPM-Formel zur Verfügung:

Formale Darstellung des CAPM

$$E(r_i) = r_f + \beta_i \, [\, E(r_m) - r_f \,]$$

i = Wertpapier

$E(r_i)$ = erwartete Rendite des Wertpapiers

r_f = Rendite des Wertpapiers oder risikoloser Zinssatz

β_i = ein Maß für das systematische Risiko eines Wertpapiers (nicht diversifizierbares Risiko des Wertpapiers)

$E(r_m)$ = erwartete Rendite des Marktes

Zudem werden die Entwicklungen der Wertpapiere heutzutage digital erfasst.

EMPFEHLUNGEN

Benötigte Hypothesen und Modellvarianten

Bei der Anwendung des CAPM sollte beachtet werden, dass das Modell nicht immer eine realistische Einschätzung ergibt. Tatsächlich werden die Hypothesen des Modells heutzutage selten erfüllt. Die Berechnung des Risiko-Rendite-Verhältnisses sollte daher um weitergefasste Hypothesen und Varianten ergänzt werden. Zu den Widersprüchen zwischen Modell und Realität gehören:

- Das Modell berücksichtigt im Marktportefeuille lediglich an der Börse ausgegebene Aktien. Ein Marktportefeuille ist jedoch als die Gesamtheit aller in der Wirtschaft bestehenden Investitionsmöglichkeiten definiert und daher wesentlich umfassender.
- Die Hypothesen des CAPM sind im heutigen Kontext nur schwer zu erfüllen. Der theoretische Ansatz sollte aus diesem Grund an die tatsächlichen Umstände des wirtschaftlichen Umfelds angepasst werden. Eine solche Anpassung führt allerdings häufig dazu, dass das Modell komplexer und sein Wirkungsrahmen eingeschränkt wird.
- Beta-Wert „null" bzw. kein Risiko: Es ist in der Regel unmöglich, zu einem tatsächlich risikolosen Zinssatz Geld zu leihen. Ebenso kann nicht angenommen werden, dass risikolose

Anlagen bestehen. Das CAPM sollte demnach auch an dieser Stelle angepasst werden.

- Im CAPM wird vorausgesetzt, dass keine Steuern oder Transaktionskosten etc. bestehen. Diese Hypothese sollte überarbeitet werden, da Investoren in der Realität durchaus Steuern (insbesondere auf Dividenden und Gewinne aus dem Verkauf) sowie Transaktionskosten zahlen müssen. Unter Berücksichtigung aller zusätzlichen Kosten ist es wahrscheinlich, dass Investoren die Größe ihres Portefeuilles begrenzen und weniger Wertpapiere kaufen.

Es bestehen zahlreiche Ergänzungen der Hypothesen und Modellvarianten. Keith Cuthbertson stellt im dritten Kapitel seines Buchs *Quantitative Financial Economics: Stocks, Bonds and Foreign Exchange* (Wiley: 2010) beispielsweise Erweiterungen des CAPM und ihre mathematische Anwendung vor.

Investoren bzw. investierenden Unternehmen wird empfohlen, bei ihren Überlegungen zur Risikosenkung den zur Messung des Risikos unerlässlichen Aspekt der Diversifikation miteinzubeziehen. Da es keine Rendite ohne Risiko gibt, ist zudem Vorsicht geboten. Die Diversifikation des Portefeuilles ist ganz allgemein eines der besten Mittel, um sich vor Risiken zu schützen und diese einzugrenzen.

Aktien

Steigt die Anzahl an Wertpapieren in einem Portefeuille, sinkt damit das Risiko, wenn auch nicht linear. Dabei sind die Auswirkungen von Diversifikation zu Beginn zwar noch deutlich, ab einem bestimmten Punkt nehmen sie jedoch ab, während die Kosten für die Anzahl an Wertpapieren (Transaktionen, Fixkosten etc.) ansteigen. Maximale Diversifikation ermöglicht es beispielsweise, auf bestimmten Märkten die Renditenschwankungen einer durchschnittlichen Aktie um 70 % zu senken, wobei die verbleibenden 30 % das systematische Risiko darstellen, das durch Diversifikation nicht ausgeschlossen werden kann (vgl. <u>Unterscheidung zwischen vergüteten und unvergüteten Risiken</u>).

Diversifikation ist auf verschiedenen Ebenen möglich:

- in verschiedenen Regionen (Europa, USA, Japan, Schwellenländer etc.)
- in unterschiedlichen Geschäftsfeldern/Branchen
- nach Unternehmensgröße
- nach Handelsmethode (aktiv, passiv etc.)

Neben weiteren Anlagemöglichkeiten wie Investmentfonds, Kunstwerken etc. kann beispielsweise auch in Anleihen, Sparanlagen oder Gold investiert werden.

- **Anleihen** bieten in der Regel eine geringere Rendite als Aktien, allerdings ist das Risiko ebenfalls geringer.

- Auch die Rendite von **Sparanlagen** ist meist niedriger als die von Aktien (wobei dies nicht immer der Fall sein muss: Die Rendite der *Fortis*-Aktien, die im Jahr 2008 95 % ihres Werts verloren, war zwangsläufig nicht höher), die meisten bewegen sich jedoch in der gleichen Größenordnung wie Anleihen.
- **Gold** zeichnet sich durch ein hohes Risiko bei einer durchschnittlich niedrigeren Rendite als bei anderen Erträgen aus.

FALLSTUDIE

Kontext

Vermögensverwalter definieren das Ziel ihrer Kunden, um diesem bestmöglich zu entsprechen. Dabei analysieren sie die Gesamtsituation des Investors – Familie, Beruf, Steuern, Vermögen. Eine solche Analyse ermöglicht es, die Anlage noch genauer auf die Bedürfnisse des Kunden zuzuschneiden.

Effizientestes Portefeuille nach CAPM

Die Art des Investors entscheidet über die Bewertung und Festlegung des effizienten Portefeuilles.

- der vorrausschauende Investor blickt zwar einerseits zuversichtlich in die Zukunft, ist aber andererseits nicht bereit, große Risiken einzugehen
- der Verschwender, Konsument
- der pessimistische Investor vermeidet Risiken

Vermögensberater müssen zunächst einige Marktparameter bestimmen:

- **Wahl des Bezugsmarktportefeuilles:** Diverse Börsenindices fassen eine repräsentative Auswahl von Aktien zusammen, die auf dem Markt angeboten werden, z. B. der DAX (Deutscher Aktienindex; umfasst die 30 größten börsennotierten Aktiengesellschaften in Deutschland) oder der S&P 500 (Standard & Poor's 500; amerikanischer Börsenindex, der die Werteentwicklung der 500 größten börsennotierten US-amerikanischen Unternehmen misst).
- **Wahl der risikofreien Wertpapiere:** Meist wird das Risiko von Staatsanleihen oder Lebensversicherungsprodukten als begrenzt angesehen. Wenn auch begrenzt, wird es

jedoch niemals komplett bei null liegen – die Rendite wiederum ist unsicher und kann schwanken.

- **Wahl des Kundenportefeuilles:** Das CAPM setzt voraus, dass alle Wertpapiere auf dem Markt korrekt bewertet werden. Jedes Wertpapier verfügt dabei über ein Risiko und eine bestimmte erwartete Rendite. Zusammen mit dem Investor, der über den unvermeidlichen Zusammenhang zwischen Rendite der Wertpapiere und Risiken Bescheid weiß, wählt der Vermögensberater das Portefeuille aus, das den Erwartungen des Investors am ehesten entspricht. Die Wahl des Portefeuille-Inhalts richtet sich direkt an der Exposition zum Marktportefeuille aus. Dies beschreibt der Expositionsfaktor (Beta), der einfach anhand der Finanzinformationen des Börsenindex bestimmt werden kann. Anschließend wird dann eine Strategie entwickelt, mit der die Anforderungen des Investors erfüllt werden können.

- **Modellvarianten; Beta, Volatilität und Rendite des Portefeuilles:** Diese Variablen des CAPM können auf unterschiedliche Weise bestimmt werden:
  - mittels historischer, vorheriger Werte, je nach

Kontext. Hierbei ist jedoch Vorsicht geboten, da die Entwicklung von historischen Werten in der Regel an bestimmte Situationen geknüpft ist (bspw. Krisen) und damit keine absolute Objektivität gewährleistet.

- mittels bereits verwendeter Finanzwerte, die auf bestimmten Plattformen zur Verfügung stehen. Auch hier sollte die Subjektivität und Voreingenommenheit gewisser Analysen beachtet werden.
- mittels Unternehmensberichten und Konjunkturprognosen

Im Allgemeinen versucht der Vermögensberater, möglichst vollständige – und damit verlässliche – Informationen zu erhalten, um dem Portefeuille kein zusätzliches Risiko hinzuzufügen. Mit dem CAPM und seinen Modellvarianten kann die bestmögliche Verteilung des Investorkapitals bei gleichzeitiger Einhaltung seiner Erwartungen bezüglich Rendite, Risiko und Anlagetyp(en) festgestellt werden.

Portefeuille-Simulation

Im Folgenden wird ein relativ diversifiziertes Portefeuille vorausgesetzt, das Aktien aus unterschiedlichen Branchen von Unternehmen mit unterschiedlicher Marktkapitalisierung auf geografisch unterschiedlichen Märkten enthält.

Das Portefeuille setzt sich aus 15 Bundesanleihen, 20 Aktien des belgischen Bank- und Versicherungsdienstleisters *Belfius*, 8 Aktien einer kambodschanischen Agrargenossenschaft und 10 amerikanischen Immobilienaktien zusammen.

Dabei zeigt das Korrelationsmaß an, ob ein Portefeuille sehr risikobehaftet ist (Koeffizient um den Wert 1; positive Korrelation) oder nicht (Koeffizient um den Wert 0; negative Korrelation). Ein Beurteilungsmaß der Performance gibt zudem Auskunft darüber, inwieweit das Risiko beherrscht wird und wie sicher die Wertpapiere damit relativ gesehen sind. Diese Performance wird mittels eines nach dem amerikanischen Wirtschaftswissenschaftler William Sharpe (geboren 1934) benannten Quotienten berechnet, um so negative Ergebnisse für das Portefeuille auszuschließen.

Sharpe-Quotient

$$\text{Sharpe-Quotient} = \frac{\text{Überrendite-risikofreier Zinssatz}}{\text{Volatilität}}$$

Die Analyse der Performance kann zwei Dimensionen umfassen:

- eine grafische Dimension
- eine mathematische Dimension, die sich auf den Wert des Portefeuilles und den Wert der Wertpapiere, aus denen sich das Portefeuille zusammensetzt, bezieht

Im Fall des hier beschriebenen Portefeuilles wird deutlich, dass die Diversifikation zwar gut ist, aber noch weiter verbessert werden könnte, indem weniger korrelierende Aktien gewählt werden.

Fazit

Das CAPM ermöglicht eine einfache Analyse der Marktbewegungen und des Risikos der ge-

gebenen Wertpapiere. Ohne die Erweiterungen des Modells hat diese Analyse jedoch kaum einen – bzw. keinen – Nutzen und ist wenig aussagekräftig. Ein nicht zu vernachlässigendes Instrument bei der Performance-Bewertung der Wertpapiere in einer komplexen Umgebung wie der heutigen ist etwa der Sharpe-Quotient.

ZUSAMMENGEFASST

- Das CAPM ist eine mathematische Methode zur Berechnung der erwarteten Rendite eines beliebigen Wertpapiers.
- Das Modell wurde in den 1950er Jahren entwickelt, einer Zeit, in der die Finanzmärkte stark weiterentwickelt und vereinheitlicht wurden, da Investoren mehr Informationen und Garantien verlangten, um die Rentabilität ihrer Wertpapiere sicherzustellen.
- Beteiligte Wirtschaftswissenschaftler:
  - Frank Knight definiert im Jahr 1921 die Begriffe „Unsicherheit" und „Risiko".
  - 1950 leitet Harry Markowitz den Beginn der modernen Diversifikations- und Portfoliotheorie ein.
  - Ab 1964 entwickeln u. a. William Sharpe, John Lintner, Jan Mossin und Fischer Black bereits bestehende Finanzmodelle weiter, wodurch das CAPM entsteht.
- Zur Anwendung des Modells gehört:
  - die Bestimmung des effizienten Rands
  - die Bestimmung des optimalen Portefeuilles

durch Diversifikation, um so das systematische Risiko zu minimieren und gleichzeitig einen gewissen Grad an Rentabilität zu wahren

  ◦ die Messung des Risikos und der Rendite des Portefeuilles

- Das Modell erfüllt nur dann seinen Zweck, wenn jegliche Informationen frei zugänglich sind und keine Transaktionskosten bestehen. Das optimale diversifizierte Portefeuille ist daher für alle Investoren gleich.

- Die Hauptschwächen des Modells liegen in der Nichterfüllung der Hypothesen und der Instabilität des Beta-Faktors.

- Die Arbitragepreistheorie, ein zusätzliches Multifaktorenmodell und das Fama-French-Dreifaktorenmodell ergänzen das CAPM.

Ihre Meinung ist uns wichtig!
Hinterlassen Sie doch einen Kommentar auf der
Seite unserer Online-Buchhandlung
und teilen Sie Ihre Favoriten in den sozialen
Netzwerken!

DARÜBER HINAUS

LITERATURVERZEICHNIS

- Baudot, Jean-Yves: „Droite de marché, prime de risque et relation du MÉDAF". In: *Concepts et techniques (organisationnelles, descriptives, prédictives et prévisionnelles) en entreprise, finance et économie.* Webseite zu Wirtschaftsthemen (auf Französisch). http://www.jybaudot.fr/Bourse/medaf.html (25.07.2018).

- Broquet, Claude et al.: *Gestion de portefeuille.* De Boeck: Brüssel 2004.

- Damodaran, Aswath: *Finance d'entreprise. Théorie et pratique.* De Boeck: Brüssel 2006.

- Desquilbet, Jean-Baptiste: *Le MÉDAF. Modèle d'évaluation des actifs financiers.* Université d'Artois. Präsentation (auf Französisch). http://jb.desquilbet.pagesperso-orange.fr/docs/A_M2thfi_2_MEDAF.pdf (25.07.2018).

- Gaga, Othman; Tarib, Ahmed: *Le Modèle d'Équilibre des Actifs Financiers. Cas d'ITISSALAT AL-MAGHRIB.* Wissenschaftliche Arbeit (auf Französisch). http://fr.scribd.com/doc/24407264/Modele-d-equilibre-des-actifs-financiers-MEDAF-CAPM (25.07.2018).

- Limaiem, Imen: *Les facteurs du modèle
  Fama et French. Cas du marché des actions
  canadiennes.* Université du Québec à Montréal.
  Wissenschaftliche Arbeit (auf Französisch).
  (2009).
  http://www.archipel.uqam.ca/2202/1/M10858.pdf
  (25.07.2018).

- Ngoma, Frank Fabrice: *Évaluation des actifs
  financiers par le MÉDAF. Validation empirique
  de la relation risque-rendement par les modèles
  économétriques.* Université Centrale d'Admi-
  nistration des Affaires et de la Technologie de
  Tunis. Wissenschaftliche Arbeit (auf Französisch).
  (2009).
  http://www.memoireonline.com/07/10/3749/
  Evaluation-des-actifs-financiers-par-le-MEDAF-
  validation-empirique-de-la-relation-risque-
  rendement-.html (25.07.2018).

- *Statistique Canada*: „Variance et écart-type".
  Archivierter Eintrag auf der Webseite des kanadi-
  schen Statistikamts (auf Französisch).
  http://www.statcan.gc.ca/edu/power-pouvoir/
  ch12/5214891-fra.htm (25.07.2018).

WEITERFÜHRENDE LITERATUR

- Cuthbertson, Keith; Nitzsche, Dirk: *Quantitative
  financial economics. Stocks, bonds and foreign
  exchange.* Wiley: Chichester 2010.

- Ernst, Dietmar; Schurer, Marc: *Portfolio Management. Theorie und Praxis mit Excel und Matlab.* UVK: Konstanz 2015.

- Modello, Enzo: *Portfoliomanagement. Theorie und Anwendungsbeispiele.* Springer Gabler: Wiesbaden 2013.

- Steiner, Manfred; Bruns, Christoph; Stöckl, Stefan: *Wertpapiermanagement. Professionelle Wertpapieranalyse und Portfoliostrukturierung.* Schäffer-Poeschel: Stuttgart 2017.

50MINUTEN.de
Geschichte
Business
Für die Arbeitswelt
Non-Fiction kompakt
Gesundheit & Wellness
Kunst und Literatur
DAS PARETO-PRINZIP
Die 80/20-Regel
Gesamtaufwand
Ergebnisse
Wichtig
Unwichtig
DAS CANVAS-BUSINESSMODELL
DIE SWOT-ANALYSE
SCHMÖKERN SIE SICH SCHLAU!
www.50Minuten.de

www.50Minuten.de

ISBN digitale Ausgabe: 9782808009928

ISBN gedruckte Ausgabe: 9782808011372

Pflichtexemplar: D/2018/12603/314

Cover: © Plurilingua

Digitale Aufbereitung: Primento, der digitale Partner der Herausgeber